PHILLIS WHEATLEY

POETA AFROAMERICANA

J. T. MORIARTY

TRADUCCIÓN AL ESPAÑOL:
EIDA DE LA VEGA

ROSEN CLASSROOM
PRIMARY SOURCE
EN ESPAÑOL™
Rosen Classroom Books & Materials™

Published in 2004 by The Rosen Publishing Group, Inc.
29 East 21st Street, New York, NY 10010

First Spanish Edition 2004
First English Edition 2004

Cataloging Data

Moriarty, J.T.
[Phillis Wheatley. Spanish]
Phillis Wheatley: Poeta afroamericana / by J.T. Moriarty. — 1st ed.
v. cm. — (Grandes personajes en la historia de los Estados Unidos)
Includes bibliographical references and index.
Contents: Phillis's early years — Phillis writes poetry — Phillis is published — The end of Phillis's life — Timeline — Glossary.
ISBN 0-8239-4143-4 (lib. bdg.)
ISBN 0-8239-4237-6 (pbk.)
6-pack ISBN 0-8239-7612-2
1. Wheatley, Phillis, 1753-1784—Juvenile literature. 2. Poets, American—Colonial period, ca. 1600-1775—Biography—Juvenile literature. 3. African American women poets—Biography—Juvenile literature. 4. Slaves—United States—Biography—Juvenile literature. 5. African American poets—Biography—Juvenile literature. [1. Wheatley, Phillis, 1753-1784. 2. Poets, American. 3. Slaves. 4. African Americans—Biography. 5. Women—Biography. 6. Spanish language materials.]
I. Title. II. Series: Primary sources of famous people in American history. Spanish.
PS866.W5Z626 2003
811'.1—dc21

Manufactured in the United States of America

Photo Credits: cover, pp. 10, 27 © Bettmann/Corbis; p. 5 The University of Florida, George A. Smathers Libraries; pp. 6, 26 Library of Congress Rare Book and Special Collections Division; pp. 7, 18 © Corbis; pp. 9, 23 © North Wind Picture Archives; p. 11 © SuperStock, Inc.; pp. 12, 21 Private Collection/Bridgeman Art Library; p.13 courtesy of the Library Company of Philadelphia; p. 15 courtesy of the Massachusetts Historical Society; p. 16 Scottish National Portrait Gallery, Edinburgh, Scotland/Bridgeman Art Library; p. 17 Library of Congress, Manuscript Division; pp. 19, 29 courtesy of the Rare Books and Manuscripts Collection, The New York Public Library, Astor, Lenox, and Tilden Foundations; p. 20 courtesy of the Phelps Stokes Collection, Miriam and Ira D. Wallach Division of Art, Prints, and Photographs, The New York Public Library, Astor, Lenox, and Tilden Foundations; p. 25 Photographs and Prints Division, Schomburg Center for Research in Black Culture, The New York Public Library, Astor, Lenox, and Tilden Foundations.

Designer: Thomas Forget; Editor: Jill Jarnow; Photo Researcher: Rebecca Anguin-Cohen

CONTENIDO

1 LOS PRIMEROS AÑOS DE PHILLIS

Corría el año 1761. Los hombres blancos navegaron hacia África. Ahí capturaron a muchos africanos a quienes llevaron a las colonias americanas para venderlos como esclavos. Entre ellos tomaron prisionera a una niña de unos siete años y la obligaron a subir a un barco. La niña fue transportada junto con otros africanos que habían sido secuestrados. Había hombres, mujeres, niños y niñas.

¿SABÍAS QUE...?

Phillis llegó a la ciudad de Boston el 11 de julio de 1761.

El barco de esclavos que trajo a Phillis a Boston venía de la costa oeste de África. Este mapa de África fue dibujado en 1771.

El barco navegó por una larga y agotadora ruta usada por los barcos esclavistas para viajar de África a América.

Las condiciones en los barcos eran terribles. Los africanos viajaban amontonados. Estaba oscuro y hacía calor. Los ataban con pesadas cadenas. Apenas se podían mover. No tenían mucho para comer ni para beber.

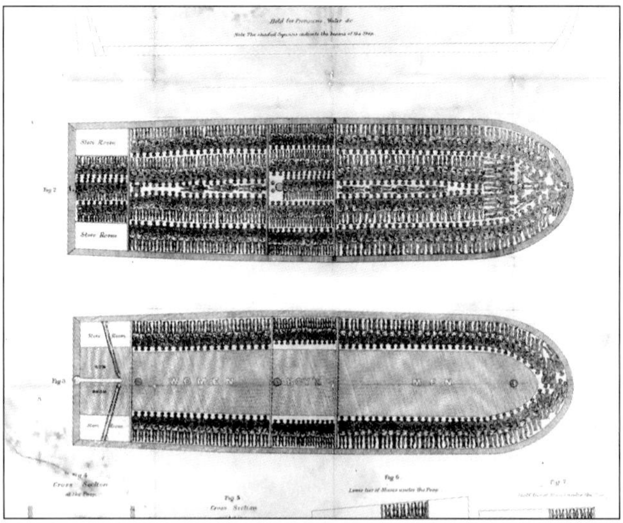

El viaje desde África en un barco esclavista tomaba meses. Muchos esclavos se enfermaban y morían. Algunos, incluso, trataban de quitarse la vida.

El artista tituló este grabado *Vida y muerte del océano*. Muestra a los africanos prisioneros en un barco de esclavos.

El barco finalmente llegó a Boston y la pequeña niña fue vendida en una subasta. Estaba muy débil. Todo lo que tenía puesto era un pedazo de alfombra sucia. Le faltaban dos dientes frontales.

La familia Wheatley la compró. Ellos no sabían su nombre. Ella no se los podía decir pues no hablaba inglés. La llamaron Phillis. Era el nombre del barco que la había traido.

LOS HERMANOS WHEATLEY

Los hijos de los Wheatley eran gemelos. Se llamaban Mary y Nathaniel.

TO BE SOLD *by* William Yeomans, (*in Charles Town Merchant,*) a parcel of good Plantation Slaves. Encouragement will be given by taking Rice in Payment, or any Time Credit, Security to be given if required There's likewise to be sold, very good Trooping Saddles and Furniture, choice Barbados and Boston Rum, also Cordial Waters and Limejuice, as well as a parcel of extraordinary Indian trading Goods, and many of other sorts suitable for the Season.

ILLUSTRATED ADVERTISEMENT, FROM THE "CHARLESTON GAZETTE," 1744.

La Gaceta de Charleston en Carolina del Sur anuncia una venta de esclavos, en 1744.

Phillis estaba demasiado enferma como para trabajar duro en la casa. Pero era muy inteligente. Mary Wheatley le enseñó a Phillis a hablar, leer y escribir en inglés. También le enseñó a leer en latín. Phillis se esforzaba mucho. Pronto pudo leer la Biblia. La señora Wheatley estaba muy contenta de ver lo rápido que aprendía Phillis.

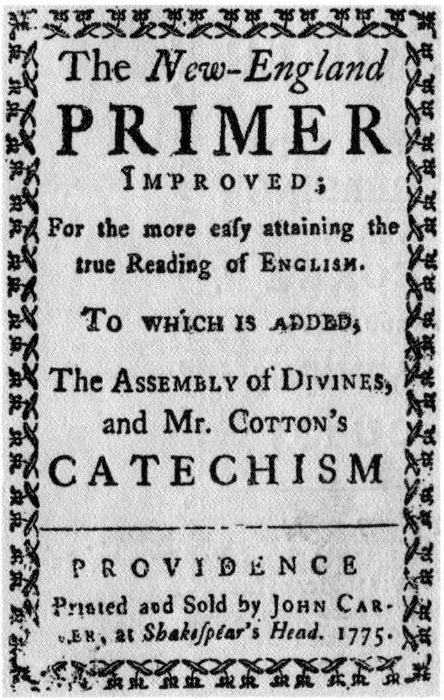

The *New-England*
PRIMER
IMPROVED;
For the more easy attaining the true Reading of ENGLISH.
TO WHICH IS ADDED,
The ASSEMBLY of DIVINES,
and Mr. COTTON's
CATECHISM

PROVIDENCE
Printed and Sold by JOHN CARTER, at *Shakespear's Head*. 1775.

Phillis pudo haber aprendido a leer con un libro parecido a éste.

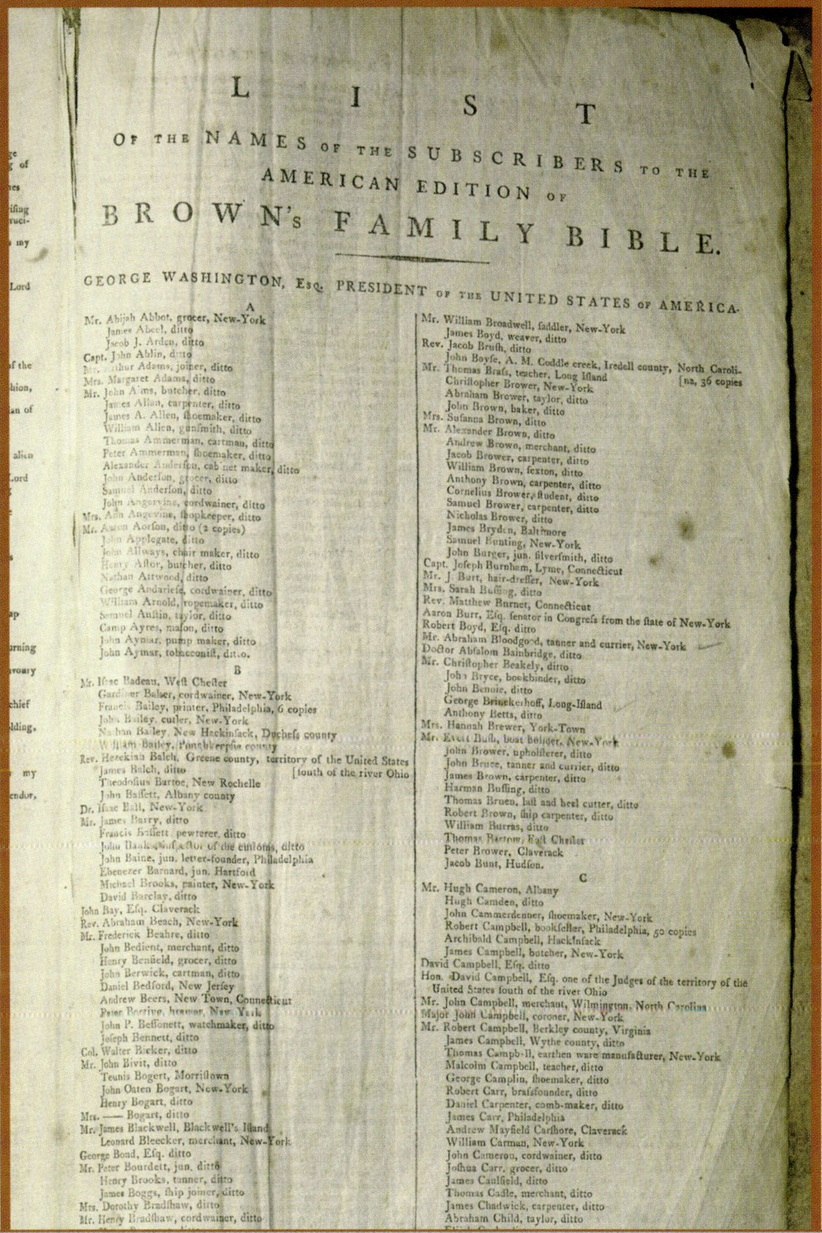

L I S T

OF THE NAMES OF THE SUBSCRIBERS TO THE AMERICAN EDITION OF

BROWN'S FAMILY BIBLE.

GEORGE WASHINGTON, Esq. PRESIDENT OF THE UNITED STATES OF AMERICA.

A

Mr. Abijah Abbot, grocer, New-York
James Abeel, ditto
Jacob J. Arden, ditto
Capt. John Ablin, ditto
Mr. Arthur Adams, joiner, ditto
Mrs. Margaret Adams, ditto
Mr. John Aims, butcher, ditto
James Allan, carpenter, ditto
James A. Allen, shoemaker, ditto
William Allen, gunsmith, ditto
Thomas Ammerman, cartman, ditto
Peter Ammerman, shoemaker, ditto
Alexander Anderson, cabinet maker, ditto
John Anderson, grocer, ditto
Samuel Anderson, ditto
John Angervine, cordwainer, ditto
Mrs. Ann Angevine, shopkeeper, ditto
Mr. Aaron Aorson, ditto (2 copies)
John Applegate, ditto
John Allways, chair maker, ditto
Henry Astor, butcher, ditto
Nathan Attwood, ditto
George Andariese, cordwainer, ditto
William Arnold, ropemaker, ditto
Samuel Austin, taylor, ditto
Camp Ayres, mason, ditto
John Aymar, pump maker, ditto
John Aymar, tobacconist, ditto.

B

Mr. Isaac Badeau, West Chester
Gardiner Baker, cordwainer, New-York
Francis Bailey, printer, Philadelphia, 6 copies
John Bailey, cutler, New-York
Nathan Bailey, New Hackinsack, Duchess county
William Bailey, Poughkeepsie county
Rev. Hezekiah Balch, Greene county, territory of the United States south of the river Ohio
James Balch, ditto
Theodosius Bartoe, New Rochelle
John Bassett, Albany county
Dr. Isaac Ball, New-York
Mr. James Barry, ditto
Francis Bassett, pewterer, ditto
John Bank[illegible] of the customs, ditto
John Baine, jun. letter-founder, Philadelphia
Ebenezer Barnard, jun. Hartford
Michael Brooks, painter, New-York
David Barclay, ditto
John Bay, Esq. Claverack
Rev. Abraham Beach, New-York
Mr. Frederick Beahre, ditto
John Bedient, merchant, ditto
Henry Benfield, grocer, ditto
John Berwick, cartman, ditto
Daniel Bedford, New Jersey
Andrew Beers, New Town, Connecticut
Peter Berrive, brewer, New York
John P. Bessonett, watchmaker, ditto
Joseph Bennett, ditto
Col. Walter Bicker, ditto
Mr. John Bivit, ditto
Teunis Bogert, Morristown
John Oaten Bogart, New-York
Henry Bogart, ditto
Mrs. —— Bogart, ditto
Mr. James Blackwell, Blackwell's Island
Leonard Bleecker, merchant, New-York
George Bond, Esq. ditto
Mr. Peter Bourdett, jun. ditto
Henry Brooks, tanner, ditto
James Boggs, ship joiner, ditto
Mrs. Dorothy Bradshaw, ditto
Mr. Henry Bradshaw, cordwainer, ditto

Mr. William Broadwell, saddler, New-York
James Boyd, weaver, ditto
Rev. Jacob Brush, ditto
John Boyse, A. M. Coddle creek, Iredell county, North Carolina, 36 copies
Mr. Thomas Brass, teacher, Long Island
Christopher Brower, New-York
Abraham Brower, taylor, ditto
John Brown, baker, ditto
Mrs. Susanna Brown, ditto
Mr. Alexander Brown, ditto
Andrew Brown, merchant, ditto
Jacob Brower, carpenter, ditto
William Brown, sexton, ditto
Anthony Brown, carpenter, ditto
Cornelius Brower, student, ditto
Samuel Brower, carpenter, ditto
Nicholas Brower, ditto
James Bryden, Baltimore
Samuel Bunting, New-York
John Burger, jun. silversmith, ditto
Capt. Joseph Burnham, Lyme, Connecticut
Mr. J. Burt, hair-dresser, New-York
Mrs. Sarah Bussing, ditto
Rev. Matthew Burnet, Connecticut
Aaron Burr, Esq. senator in Congress from the state of New-York
Robert Boyd, Esq. ditto
Mr. Abraham Bloodgood, tanner and currier, New-York
Doctor Absalom Bainbridge, ditto
Mr. Christopher Beakely, ditto
John Bryce, bookbinder, ditto
John Bennie, ditto
George Brinckerhoff, Long-Island
Anthony Betts, ditto
Mrs. Hannah Brewer, York-Town
Mr. Evert Bush, boat builder, New-York
John Brower, upholsterer, ditto
John Bruce, tanner and currier, ditto
James Brown, carpenter, ditto
Harman Bussing, ditto
Thomas Bruen, last and heel cutter, ditto
Robert Brown, ship carpenter, ditto
William Burras, ditto
Thomas Bartow, East Chester
Peter Brower, Claverack
Jacob Bunt, Hudson.

C

Mr. Hugh Cameron, Albany
Hugh Camden, ditto
John Cammerdenner, shoemaker, New-York
Robert Campbell, bookseller, Philadelphia, 50 copies
Archibald Campbell, Hackinsack
James Campbell, butcher, New-York
David Campbell, Esq. ditto
Hon. David Campbell, Esq. one of the Judges of the territory of the United States south of the river Ohio
Mr. John Campbell, merchant, Wilmington, North Carolina
Major John Campbell, coroner, New-York
Mr. Robert Campbell, Berkley county, Virginia
James Campbell, Wythe county, ditto
Thomas Campbell, earthen ware manufacturer, New-York
Malcolm Campbell, teacher, ditto
George Camplin, shoemaker, ditto
Robert Carr, brassfounder, ditto
Daniel Carpenter, comb-maker, ditto
James Carr, Philadelphia
Andrew Mayfield Carshore, Claverack
William Carman, New-York
John Cameron, cordwainer, ditto
Joshua Carr, grocer, ditto
James Caulfield, ditto
Thomas Cadle, merchant, ditto
James Chadwick, carpenter, ditto
Abraham Child, taylor, ditto

El reverendo John Brown de Escocia escribió una Biblia en inglés coloquial en 1778. Fue publicada en Estados Unidos cuando George Washington era presidente (1789–1793).

2 PHILLIS ESCRIBE POESÍA

Los negros de África tenían una cultura diferente a la de los blancos de Estados Unidos. La mayoría de la gente blanca no los entendía. Pensaban que los africanos eran inferiores. Trataban a los esclavos africanos como animales.

Muchos blancos estaban impresionados con Phillis. Como sabía leer y escribir, la trataban mejor que a los demás esclavos.

Phillis llegó a ser muy conocida por su poema *En la muerte del reverendo George Whitefield. 1770.* El reverendo Whitefield *(izquierda)* trató de fundar una escuela para negros libres.

An ELEGIAC

POEM,

On the DEATH of that celebrated Divine, and eminent Servant of JESUS CHRIST, the late Reverend, and pious

GEORGE WHITEFIELD,

Chaplain to the Right Honourable the Counteſs of HUNTINGDON, &c &c.

Who made his Exit from this tranſitory State, to dwell in the celeſtial Realms of Bliſs, on LORD's-Day, 30th of September, 1770, when he was ſeiz'd with a Fit of the Aſthma, at NEWBURY-PORT, near BOSTON, in NEW-ENGLAND. In which is a Condolatory Addreſs to His truly noble Benefactreſs the worthy and pious Lady HUNTINGDON,---and the Orphan-Children in GEORGIA; who, with many Thouſands, are left, by the Death of this great Man, to lament the Loſs of a Father, Friend, and Benefactor.

By PHILLIS, a Servant Girl of 17 Years of Age, belonging to Mr. J. WHEATLEY, of BOSTON :--And has been but 9 Years in this Country from Africa.

HAIL happy Saint on thy immortal throne !
To thee complaints of grievance are unknown ;
We hear no more the muſic of thy tongue,
Thy wonted auditories ceaſe to throng.
Thy leſſons in unequal'd accents flow'd !
While emulation in each boſom glow'd ;
Thou didſt, in ſtrains of eloquence refin'd,
Inflame the ſoul, and captivate the mind.
Unhappy we, the ſetting Sun deplore !
Which once was ſplendid, but it ſhines no more ;
He leaves this earth for Heaven's unmeaſur'd height :
And worlds unknown, receive him from our ſight ;
There WHITEFIELD wings, with rapid courſe his way,
And ſails to Zion, through vaſt ſeas of day.

When his AMERICANS were burden'd ſore,
When ſtreets were crimſon'd with their guiltleſs gore !
Unrival'd friendſhip in his breaſt now ſtrove :
The fruit thereof was charity and love
Towards *America*-----couldſt thou do more
Than leave thy native home, the *Britiſh* ſhore,
To croſs the great Atlantic's wat'ry road,
To ſee *America's* diſtreſs'd abode ?
Thy prayers, great Saint, and thy inceſſant cries,
Have pierc'd the boſom of thy native ſkies !
Thou moon haſt ſeen, and ye bright ſtars of light
Have witneſs been of his requeſts by night !
He pray'd that grace in every heart might dwell :
He long'd to ſee *America* excell ;
He charg'd its youth to let the grace divine
Ariſe, and in their future actions ſhine ;
He offer'd THAT he did himſelf receive,
A greater gift not GOD himſelf can give :
He urg'd the need of HIM to every one ;
It was no leſs than GOD's co-equal SON !
Take HIM ye wretched for your only good ;
Take HIM ye ſtarving ſouls to be your food.
Ye thirſty, come to this life giving ſtream :
Ye Preachers, take him for your joyful theme :
Take HIM, "my dear AMERICANS," he ſaid,
Be your complaints in his kind boſom laid :
Take HIM ye *Africans*, he longs for you ;
Impartial SAVIOUR, is his title due ;
If you will chuſe to walk in grace's road,
You ſhall be ſons, and kings, and prieſts to GOD.

Great COUNTESS ! we *Americans* revere
Thy name, and thus condole thy grief ſincere :
We mourn with thee, that TOMB obſcurely plac'd,
In which thy Chaplain undiſturb'd doth reſt.
New-England ſure, doth feel the ORPHAN's ſmart ;
Reveals the true ſenſations of his heart :
Since this fair Sun, withdraws his golden rays,
No more to brighten theſe diſtreſsful days !
His lonely *Tabernacle*, ſees no more
A WHITEFIELD landing on the *Britiſh* ſhore :
Then let us view him in yon azure ſkies :
Let every mind with this lov'd object riſe.
No more can he exert his lab'ring breath,
Seiz'd by the cruel meſſenger of death.
What can his dear AMERICA return ?
But drop a tear upon his happy urn,
Thou tomb, ſhalt ſafe retain thy ſacred truſt,
Till life divine re-animate his duſt.

Sold by EZEKIEL RUSSELL, in Queen-Street, and JOHN BOYLES, in Marlboro'-Street.

Phillis escribió un poema a la memoria del reverendo George Whitefield. Tenía alrededor de 17 años. Fue publicado en Nueva Inglaterra y Gran Bretaña, y le ganó muchos admiradores.

Phillis pronto empezó a escribir poesía. Escribía sobre religión. Escribía sobre personas que conocía y cosas que veía. Escribía acerca de personas famosas como George Washington. A la señora Wheatley le gustaba su poesía. La animaba a seguir escribiendo.

En algunos aspectos, los Wheatley la trataban como a un miembro más de la familia. Estaban muy orgullosos de ella. Pero seguía siendo esclava.

LA FAMOSA PHILLIS

Muchos blancos venían a conocer a Phillis. La consideraban una maravilla viviente. Era algo inusual porque aunque era afroamericana podía leer y escribir poesía.

Phillis Wheatley escribió este poema cuando tenía alrededor de 14 años. La gente de Boston estaba asombrada tanto por su talento como por su hermosa caligrafía.

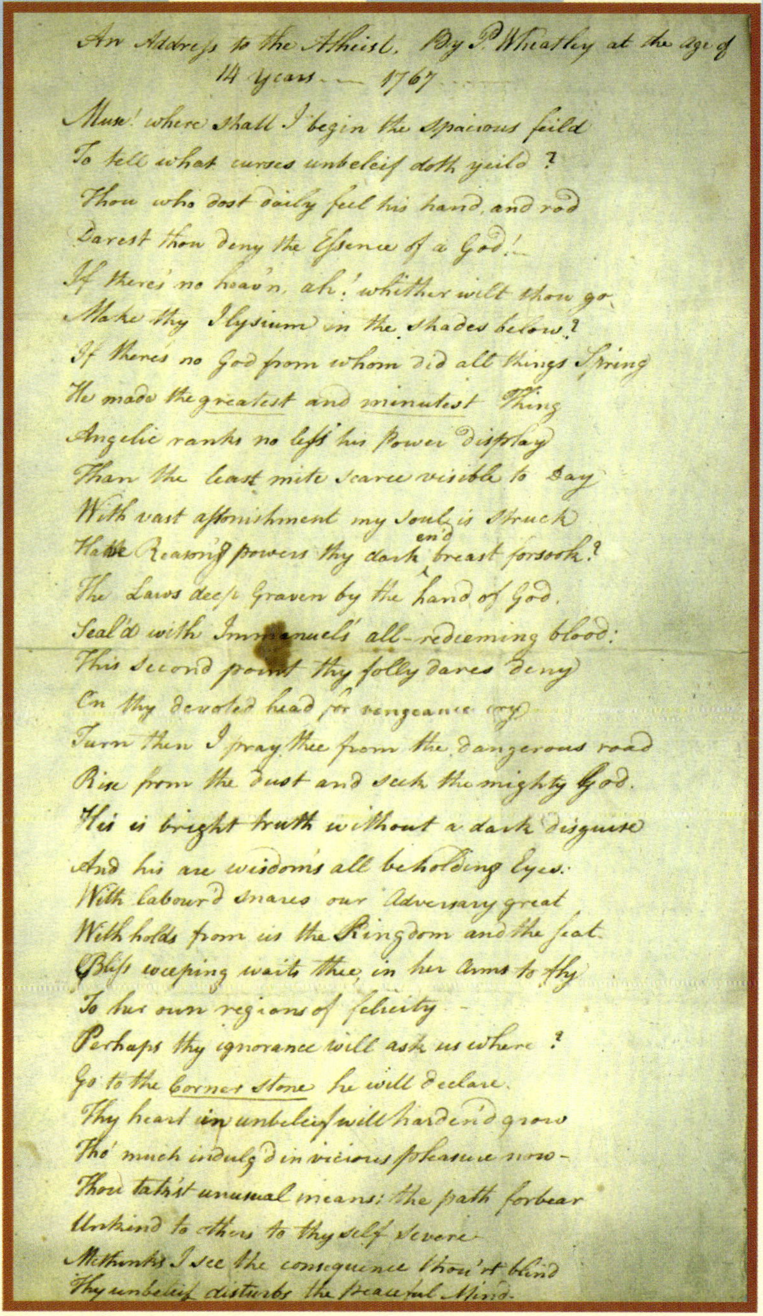

An Address to the Atheist. By P. Wheatley at the age of 14 Years — 1767

Muse! where shall I begin the spacious feild
To tell what curses unbelief doth yeild?
Thou who dost daily feel his hand, and rod
Darest thou deny the Essence of a God!—
If there's no heav'n, ah! whither wilt thou go
Make thy Elysium in the shades below?
If there's no God from whom did all things Spring
He made the greatest and minutest Thing
Angelic ranks no less his Power display
Than the least mite scarce visible to Day
With vast astonishment my soul is struck
Have Reason's powers thy darken'd breast forsook?
The Laws deep Graven by the hand of God,
Seal'd with Immanuel's all-redeeming blood:
This second point thy folly dares deny
On thy devoted head for vengeance cry—
Turn then I pray thee from the dangerous road
Rise from the dust and seek the mighty God.
His is bright truth without a dark disguise
And his are wisdom's all beholding Eyes:
With labour'd snares our Adversary great
Withholds from us the Kingdom and the seat.
Bliss weeping waits thee, in her Arms to fly
To her own regions of felicity—
Perhaps thy ignorance will ask us where?
Go to the Corner stone he will declare.
Thy heart in unbelief will harden'd grow
Tho' much indulg'd in vicious pleasure now—
Thou tak'st unusual means; the path forbear
Unkind to others to thy self severe—
Methinks I see the consequence thou'rt blind
Thy unbelief disturbs the peaceful Mind.

Muchos blancos no creían que Phillis pudiera escribir poemas. La mayoría de los blancos pensaba que la gente de piel oscura no era inteligente. Blancos famosos habían escrito artículos acerca de los negros. Decían que la gente de piel oscura pertenecía a una especie diferente.

David Hume, un importante filósofo escocés, fue uno de los que no creía que Phillis pudiera haber escrito poemas.

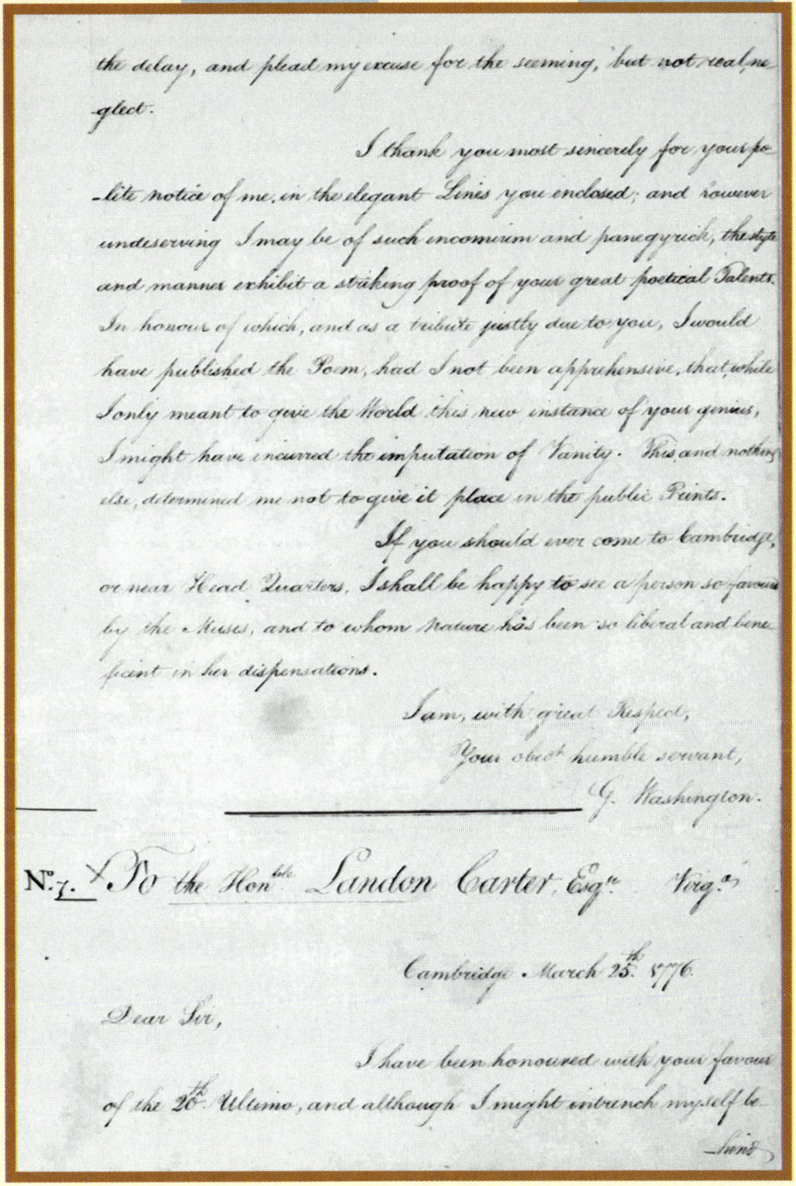

the delay, and plead my excuse for the seeming, but not real, neglect.

I thank you most sincerely for your polite notice of me, in the elegant Lines you enclosed; and however undeserving I may be of such encomium and panegyrick, the style and manner exhibit a striking proof of your great poetical Talents. In honour of which, and as a tribute justly due to you, I would have published the Poem, had I not been apprehensive, that, while I only meant to give the World this new instance of your genius, I might have incurred the imputation of Vanity. This, and nothing else, determined me not to give it place in the public Prints.

If you should ever come to Cambridge, or near Head Quarters, I shall be happy to see a person so favoured by the Muses, and to whom Nature has been so liberal and beneficent in her dispensations.

I am, with great Respect,
Your obed.t humble servant,
G. Washington.

No. 7. To the Hon.ble Landon Carter, Esq.r Virg.a

Cambridge March 25th 1776.

Dear Sir,

I have been honoured with your favour of the 20th Ultimo, and although I might intrench myself be-
hind

Phillis envió a George Washington un poema que le había dedicado. Él le envió una carta de agradecimiento el 28 de febrero de 1776. En ella elogiaba su talento y la invitaba a visitarlo.

El señor Wheatley quería probar que Phillis era muy inteligente. Quería mostrarle al mundo que ella sí había escrito los poemas.

Le pidió a un grupo de hombres de Boston que interrogaran a Phillis. Allí estaban el gobernador de Massachusetts, John Hancock, y algunos líderes religiosos. Decidieron que ella era en verdad inteligente.

Casi todos los hombres que interrogaron a Phillis para comprobar que en realidad era inteligente poseían esclavos. Uno de ellos fue John Hancock *(izquierda)*.

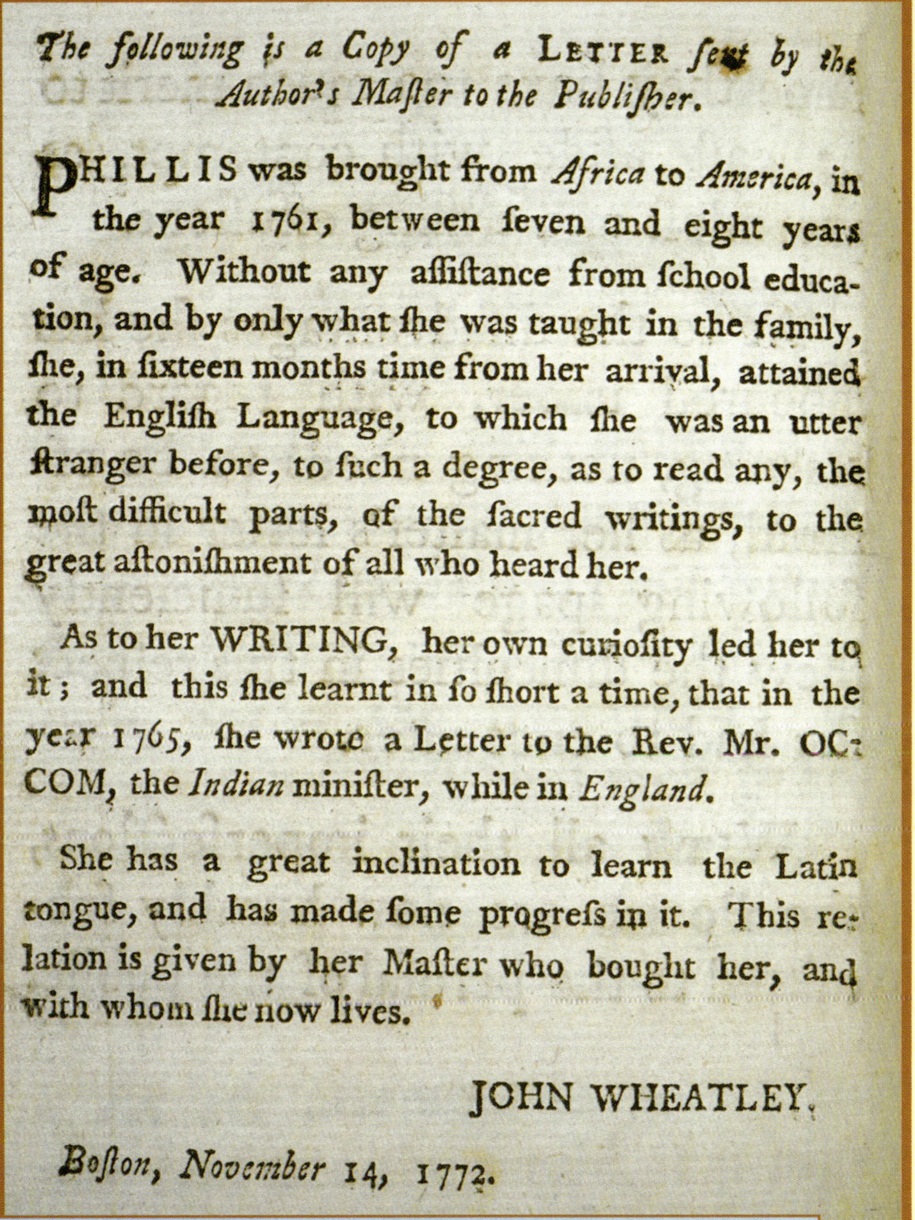

The following is a Copy of a LETTER *ſent by the Author's Maſter to the Publiſher.*

PHILLIS was brought from *Africa* to *America*, in the year 1761, between ſeven and eight years of age. Without any aſſiſtance from ſchool education, and by only what ſhe was taught in the family, ſhe, in ſixteen months time from her arrival, attained the Engliſh Language, to which ſhe was an utter ſtranger before, to ſuch a degree, as to read any, the moſt difficult parts, of the ſacred writings, to the great aſtoniſhment of all who heard her.

As to her WRITING, her own curioſity led her to it; and this ſhe learnt in ſo ſhort a time, that in the year 1765, ſhe wrote a Letter to the Rev. Mr. OCCOM, the *Indian* miniſter, while in *England*.

She has a great inclination to learn the Latin tongue, and has made ſome progreſs in it. This relation is given by her Maſter who bought her, and with whom ſhe now lives.

JOHN WHEATLEY.

Boſton, November 14, 1772.

John Wheatley escribió una introducción al libro de Phillis. Quería que la gente supiera que ella sí había escrito los poemas. En esa época, mucha gente no creía que los africanos pudieran aprender a leer y a escribir.

En aquella época, Massachusetts era una colonia británica. Muchos colonos estaban descontentos con el gobierno británico. No querían pagar impuestos a Gran Bretaña por el té y por otros productos. Los colonos estaban dispuestos a luchar por su libertad. La Guerra de Independencia iba a comenzar. Phillis vería los sucesos desde su casa en Boston.

Phillis había oído sobre la Fiesta del Té de Boston *(Boston Tea Party)*. Ocurrió cerca de donde vivía en 1773.

La batalla de Bunker Hill transcurrió cerca de Boston en 1775. Fue la primera gran batalla de la Guerra de Independencia. Fue prueba dc quc los norteamericanos podían librar batallas contra los ingleses.

3 PHILLIS ES PUBLICADA

Phillis escribió muchos poemas. La señora Wheatley había buscado la forma de publicarlos. Phillis escribió un libro. Nadie en Boston lo publicaría porque había sido escrito por una esclava. Los Wheatley enviaron una copia a Londres. Archibald Bell accedió a publicarlo allí. Tendría un retrato de Phillis en la cubierta, así la gente sabría que era negra.

¿SABÍAS QUE...?

Se cree que fue el esclavo Scipio Moorhead quien trazó el retrato de Phillis que aparece en el libro.

El retrato de Phillis Wheatley aparece en la cubierta de su libro. Fue publicado en 1773 y constituye el primer libro de poesía escrito por un afroamericano.

El libro de Phillis se publicó en Londres. Ella y el señor Wheatley zarparon hacia Gran Bretaña. El aire de mar le sentaba bien al asma de Phillis.

Phillis conoció muchas celebridades en Londres. Incluso el rey Jorge quiso conocerla. Cuando Phillis y el señor Wheatley regresaron a Boston, los Wheatley la liberaron. ¡Ya no era una esclava!

POETISAS DE NORTEAMÉRICA

Anne Bradstreet fue la primera poeta de Norteamérica en ser publicada. Phillis fue la segunda.

Éste es un retrato de Phillis Wheatley con un vestido elegante y joyas. Apareció en una revista francesa entre 1834 y 1842.

4 LOS ÚLTIMOS AÑOS

Los Wheatley ayudaron mucho a Phillis. Pero en pocos años todos murieron. John Peters era otro esclavo liberado. Phillis se casó con él en 1778. John luchaba para que les alcanzara el dinero. Se hundieron en una pobreza terrible. Los tres hijos de Phillis murieron. John la abandonó. Algunos historiadores piensan que él tuvo que ir a prisión a causa de las deudas.

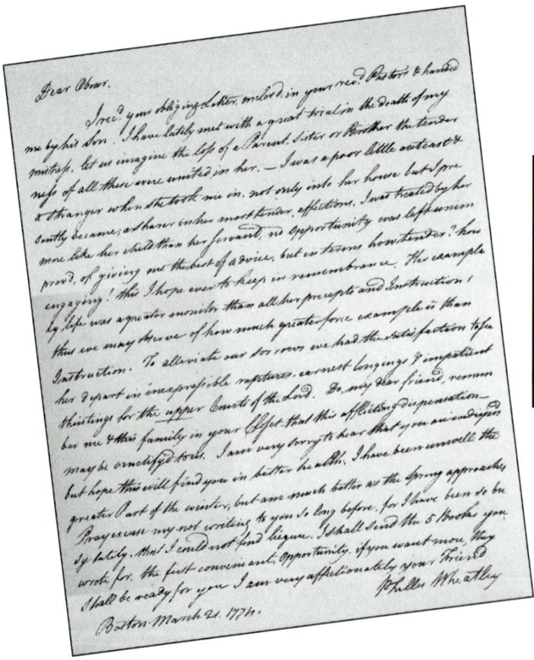
Dear Obour,

I rec'd your obliging Letter, enclos'd in your revd Pastor's & handed me by his Son. I have lately met with a great trial in the death of my mistress, let us imagine the loss of a Parent, Sister or Brother the tenderness of all these were united in her. — I was a poor little outcast & a stranger when she took me in: not only into her house but I presently became a sharer in her most tender affections. I was treated by her more like her child than her Servant; no opportunity was left unimprov'd, of giving me the best of advice, but in terms how tender! how engaging! This I hope ever to keep in remembrance. Her exemplary life was a greater monitor than all her precepts and Instruction; thus we may observe of how much greater force example is than Instruction. To alleviate our sorrows we had the satisfaction to see her depart in inexpressible raptures, earnest longings & impatient thirstings for the upper Courts of the Lord. Do, my dear friend, remember me & this family in your Closet, that this afflicting dispensation may be sanctify'd to us. I am very sorry to hear that you are indisposed but hope this will find you in better health. I have been unwell the greater Part of the winter, but am much better as the Spring approaches. Pray excuse my not writing to you so long before, for I have been so busy lately, that I could not find liesure. I shall send the 5 Books you wrote for, the first convenient Opportunity; if you want more, they shall be ready for you. I am very affectionately your Friend

Phillis Wheatley

Boston March 21. 1774.

Phillis escribió muchas cartas. Por eso sabemos tanto de su vida, porque mucha gente guardó estas cartas.

En el siglo XVIII, la gente que no podía pagar sus deudas iba a la cárcel. Éste es el aspecto de una prisión en 1809.

Phillis se sumió en la pobreza. No pudo vender otro libro.

Murió en 1784 a la edad de 31 años. Nadie sabe con seguridad dónde está enterrada. Cincuenta años más tarde, Margaretta Odell escribió un libro acerca de Phillis. Era muy triste. Había que pagar un precio por ser negra en una sociedad blanca. Phillis fue valiente. Debemos recordar su lucha.

¡VALIOSO TESORO!

En 1998, se descubrió en un ático un poema de Phillis Wheatley titulado *Océano*. Se vendió por casi $70,000.

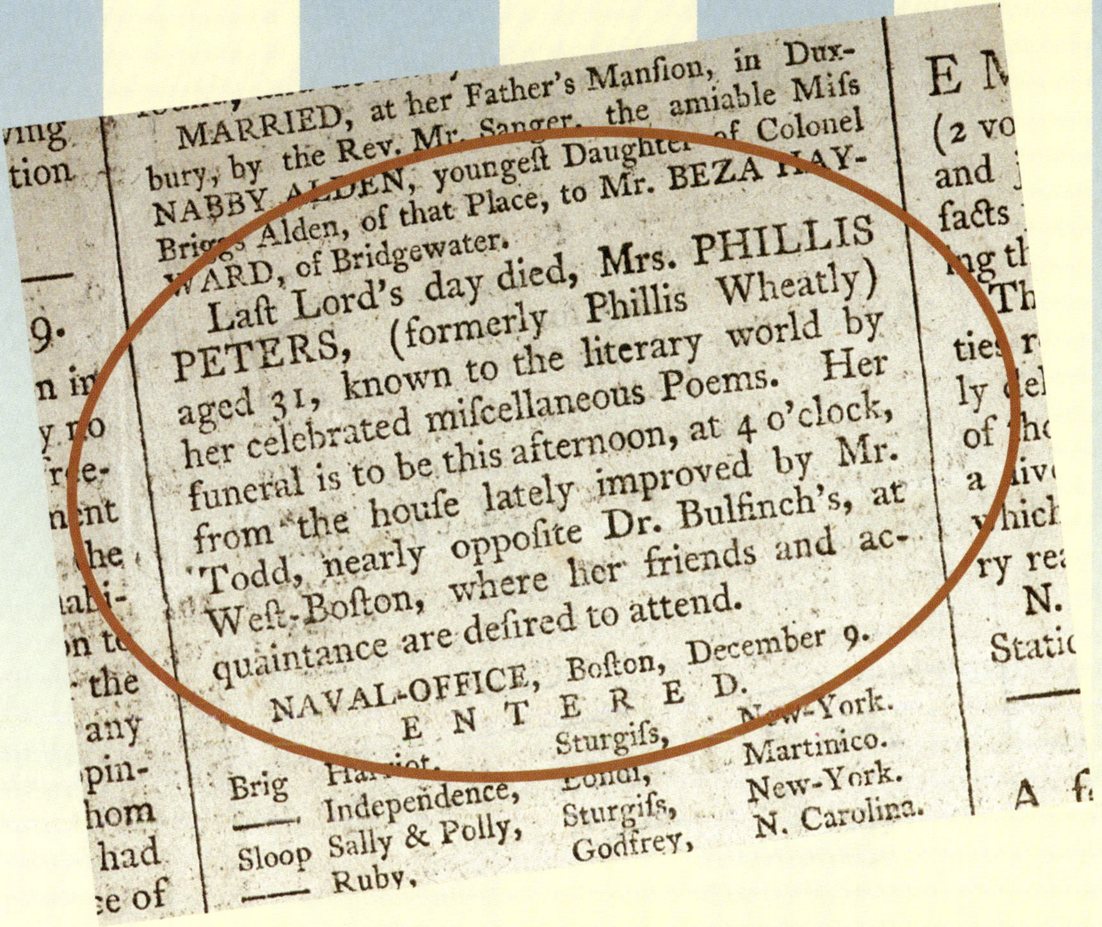

MARRIED, at her Father's Manſion, in Dux-bury, by the Rev. Mr. Sanger, the amiable Miſs NABBY ALDEN, youngeſt Daughter of Colonel Briggs Alden, of that Place, to Mr. BEZA HAY-WARD, of Bridgewater.

Laſt Lord's day died, Mrs. PHILLIS PETERS, (formerly Phillis Wheatly) aged 31, known to the literary world by her celebrated miſcellaneous Poems. Her funeral is to be this afternoon, at 4 o'clock, from the houſe lately improved by Mr. Todd, nearly oppoſite Dr. Bulfinch's, at Weſt-Boſton, where her friends and ac-quaintance are deſired to attend.

NAVAL-OFFICE, Boſton, December 9.

E N T E R E D.

Brig	Harriot,	Sturgiſs,	New-York.
——	Independence,	Lord,	Martinico.
Sloop	Sally & Polly,	Sturgiſs,	New-York.
——	Ruby,	Godfrey,	N. Carolina.

Phillis murió el 5 de diciembre de 1784. Su obituario apareció en el *Massachusetts Spy*. Publicado por un patriota norteamericano, fue uno de los pocos periódicos que mencionó su muerte.

CRONOLOGÍA

1761—Phillis Wheatley llega a Boston desde el oeste de África.

1767—Se publica el primer poema de Phillis.

1771—Phillis se une a la Iglesia Old South de Boston.

1773—Los Wheatley liberan a Phillis. Ocurre la Fiesta del Té de Boston. Se publica el libro de poesía de Phillis. Es el primer libro de poesía escrito por un afroamericano.

1774—Muere la señora Wheatley.

1778—Mueren el señor Wheatley y Mary Wheatley. Phillis se casa con John Peters.

1784—Muere Phillis Wheatley.

1786—El libro de Phillis se imprime por primera vez en Estados Unidos.

GLOSARIO

abandonar Irse sin planear regresar.
cultura (la) Las creencias, prácticas, arte y fe de una grupo de personas.
deudor(-ra) El que debe algo.
elogiada Ser tratada de forma especial.
historiador(-ra) Persona que estudia el pasado.
memoria (la) Recuerdo.
publicación (la) La producción de un libro o revista con el propósito de que la gente pueda leerlo.
secuestrado(-a) Persona llevada o retenida contra su voluntad.
sociedad (la) Un grupo de personas con tradiciones, actividades e instituciones similares.

SITIOS WEB

Debido a las constantes modificaciones en los sitios de Internet, Rosen Publishing Group, Inc., ha desarrollado un listado de sitios Web relacionados con el tema de este libro. Este sitio se actualiza con regularidad. Por favor, usa este enlace para acceder a la lista:

http://www.rosenlinks.com/fpah/pwhe

LISTA DE FUENTES PRIMARIAS DE IMÁGENES

Página 5: Mapa de África, de T. Cooke, 1771, grabado en color por Drake's Voyages, Londres, Inglaterra.
Página 7: *Vida y muerte del océano,* de Henry Howe, grabado de 1885, cortesía de Corbis.
Página 9: Anuncio de una subasta de esclavos convocada por William Yeoman, 1744, Gaceta de Charleston, Charleston, Carolina del Sur.
Página 10: *The New England Primer*, 1775, impreso y vendido en Providence, Rhode Island, cortesía de Bettman-Corbis.
Página 11: Biblia familiar de Brown, edición americana, lista de suscriptores, publicada por primera vez en Inglaterra en 1778, Sociedad Bíblica Americana, Nueva York.
Página 12: *Retrato del reverendo M. George Whitefield*, Biblioteca de Arte de Bridgeman.
Página 13: *En la muerte del reverendo George Whitefield.1770*, escrito por Phillis Wheatley, grabado en Boston, Massachusetts, Biblioteca del Congeso, Washington D.C.
Página 15: *Un llamado al ateo*, manuscrito de Phillis Wheatley, Sociedad Histórica de Massachusetts.
Página 16: *Retrato de David Hume*, de Allan Ramsay, óleo sobre lienzo, 1766, Galería Nacional del Retrato, Edinburgo, Escocia.
Página 17: Carta de George Washington, 28 de febrero de 1776, de su propia mano, División de Manuscritos, Biblioteca del Congreso, Washington, D.C.

Página 19: Introducción al libro de poesía de Phillis Wheatley, escrita por John Wheatley, de Boston, Massachusetts, 1772, cortesía de la Biblioteca Pública de Nueva York, Colección de manuscritos y libros raros, Nueva York.

Página 20: *La Fiesta del Té de Boston*, grabado de W. D. Cooper, 1789, cortesía de la Colección de Phelps Stokes, División de arte, impresos y fotografías Miriam y Ira D. Wallach, Biblioteca Pública de Nueva York, Fundaciones Astor, Lenox y Tilden.

Página 21: *La batalla de Bunker Hill*, en 1775, pintura al óleo en memoria de John Trumbull en 1786, Biblioteca de Arte Bridgeman.

Página 23: *Phillis Wheatley, sirvienta negra del señor John Wheatley, de Boston,* se cree que fue grabado por Scipio Moorhead, para la portada de poemas sobre varios asuntos religiosos y morales de Phillis Wheatley, impreso por A. Bell, Aldgate, Inglaterra, 1773, cortesía de la Sociedad Histórica de Massachusetts.

Página 25: Retrato de Phillis Wheatley, se cree que está basado en un grabado de W. E. Braxton, impreso en Revue des Colonies, París, Francia, entre 1834 y 1842. División de Impresos y Fotografías, Centro Schomberg para la Investigación de la Cultura Negra, Biblioteca Pública de Nueva York, Nueva York.

Página 26: Carta manuscrita de Phillis Wheatley a Obour Tanner, 21 de marzo de 1774, Biblioteca del Congreso, División de colecciones especiales y libros raros, Washington, D.C.

Página 29: Obituario de Phillis Wheatley aparecido en el periódico *The Massachusetts Spy*, Boston, 16 de diciembre de 1784, Boston, Massachusetts, cortesía de la Colección de manuscritos y libros raros, Biblioteca Pública de Nueva York, Fundaciones Astor, Lenox y Tilden.

ÍNDICE

ACERCA DEL AUTOR

J.T. Moriarty, graduado de Oberlin College, estudió historia del arte y escribió crítica para *The Oberlin Review*. Vive en la ciudad de Nueva York con dos gatos, una tortuga y una marmota.